olhos descalços

OLHOS DESCALÇOS   RAFAELA AMORIM

olhos descalços

Copyright © 2023 by Editora Letramento
Copyright © 2023 by Rafaela Amorim

Diretor Editorial Gustavo Abreu
Diretor Administrativo Júnior Gaudereto
Diretor Financeiro Cláudio Macedo
Logística Daniel Abreu e Vinícius Santiago
Comunicação e Marketing Carol Pires
Assistente Editorial Matteos Moreno e Maria Eduarda Paixão
Designer Editorial Gustavo Zeferino e Luís Otávio Ferreira
Design da Capa Rafaela Amorim e Gabriel Gomes
Diagramação Renata Oliveira
Revisão Ana Isabel Vaz

Todos os direitos reservados. Não é permitida a reprodução desta obra sem aprovação do Grupo Editorial Letramento.

Dados Internacionais de Catalogação na Publicação (CIP)
Bibliotecária Juliana da Silva Mauro - CRB6/3684

A524o	Amorim, Rafaela
	Olhos descalços / Rafaela Amorim. - Belo Horizonte : Letramento, 2023.
	74 p. ; 14 cm x 21 cm. - (Temporada)
	ISBN 978-65-5932-405-7
	1. Poesia. 2. Amor. 3. Coragem. 4. Pernambuco. I. Título. II. Série.
	CDU: 82-1(81)
	CDD: 869.91

Índices para catálogo sistemático:
1. Literatura brasileira - Poesia 82-1(81)
2. Literatura brasileira - Poesia 869.91

LETRAMENTO EDITORA E LIVRARIA
Caixa Postal 3242 – CEP 30.130-972
r. José Maria Rosemburg, n. 75, b. Ouro Preto
CEP 31.340-080 – Belo Horizonte / MG
Telefone 31 3327-5771

É O SELO DE NOVOS AUTORES
DO GRUPO EDITORIAL LETRAMENTO

SOBRE:

uma reunião de sortes e delírios, sofro e sorrio com o mundo e nos mundos que me habitam. o cotidiano é o lugar que repouso meus pensamentos, onde resgato a inspiração para continuar viva. aqui uma coletânea de passagens e admirações, em textos breves, textos longos, imagens que compõem esse cenário. da brutalidade triste dos dias, dos amores perdidos aos dias de contemplação da natureza, até o encantamento de sentir um café, ainda quente, pela manhã.

este livro se divide em três partes: a primeira são convites outrora meus para mim mesma, no mergulhar do autoconhecimento, na dança constante do resistir ao tempo – "uma sexychic balada em casa". a segunda – "abalos sísmicos" – são as paixões que sempre me abalaram, sem me tirar o chão onde piso e rodopio. a terceira, "o mundano me atrai", são os olhares que acompanham o percurso cotidiano, as mudanças do mundo, o para além de mim.

o livro fala sobre entrelinhas, sobre o pulsar de um mundo que não espera, sobre os arrepios e aperreios que vão construindo uma teia de histórias que compõem esse livro.
um olhar sobre o desavisado, o cotidiano, o ordinário.

NOTAS AO LEITOR:

tenha ao seu lado um pedaço de papel e talvez ele te sirva para reescrever uma história, soltar o lápis, fazer um mapa, criar uma imagem, dobraduras, um poema, enxugar alguma coisa ou, para além disso, que te sirva apenas como uma possibilidade.

UMA SEXYCHIC BALADA EM CASA

pode tirar os sapatos

SE VOCÊ QUER ME LER
―――――――――――――――――

devia me olhar nos olhos

*
venho tecendo minhas faltas
construindo as ausências

o mundo é constante
e não sossega
tudo grita
tudo berra
tudo jorra
tudo habla
e eu calo

venho tecendo minhas faltas
construindo como teias
feitas por mão de gente
fio a fio trabalhando o silêncio
minucioso e dedicado
ficar na falta dá bastante trabalho
me enlaço nessas teias
atravesso olho analiso
pra desconhecer
o mundo como aprendi
é preciso desfazer certos nós
é preciso ter coragem
e permanecer na falta

*
falta
é barco
ou   âncora?

*

boio no sol
porque sou mar
navego em mim
como um pescador
de sonhos

navego no mar
porque sou sol
boio em mim
como uma lebre
caçada

porque me sou
boio no mar
e navego o sol
como um fruto
que já foi semente

porque sou lebre
semente
caça e caçador
carrego sóis
e faço amor
com o mar
para viver
meus sonhos

*

em algum lugar submersa eu poderia estar compondo desperdícios e vivendo em um nostálgico tempo inexistente. poderia colocar os pés pra cima e olhar meu umbigo mais visível enquanto a rede me balança e eu sinto um misto de calor e sono, acesso algum lugar infantil. tenho várias tatuagens e não consigo mais ser criança. são despesas, são urgências, são pessoas que me confessam assuntos sérios demais. gostaria do doce torpor de discutir seriamente apenas o sabor preferido do sorvete ou se vamos ou não pro cinema essa semana. onde assinei os termos do crescimento? onde eu disse que sim?

a euforia mudou de lugar. às vezes não sei onde a encontro. ela se repartiu tanto em tantos lugares e se eu nunca mais e se... me calo como uma criança que não conclui a frase com o medo de se sentenciar culpada. penso baixinho. espero encontrar alguma faísca de calor nessas manchas rosadas de pele quando o sabor da rotina queimar minha língua.

*

me olho
e não tenho fim

finito apenas
aquilo que
não vale
ser vivo
em mim

*

espero que você se perca
construindo caminhos para se encontrar

*

os conselhos
da estúpida liberdade

"venho aqui através desta
te dizer o que é bom
podes fazer o que quiser
amar quem quiser
viver ter comer ser o que quiser
te digo o que é bom
te digo que a escolha certa
é esta
o único caminho"

aterro meus olhos no céu
observo
estou indo ao encontro
do que

de quem
o sentido
do sentir
nega o próprio sentido
e eu do meu peito
cativeiro
cotejo minha
liberdade
discuto em quase birra
a descrença do crer
já me faz crente
querer não
saber já é saber
quem me dera
doces ignorâncias

no caminho
do quem qual
o que
as paredes brancas
do acaso

a liberdade
não prevê
a paixão
não prevê
os olhos das mães
cujo filho que queima
em febre
o mundo gira
e não para de girar

para liberdade
acontecer

a liberdade
não tem olhos
e eu aqui
cativeiro de mim
buscando entender
a farsa das promessas
que criei
que se criaram
cuidaram e cresceram
sozinhas
vivendo igualmente
em susto e desejo
susto e desejo
susto e desejo
de voar
passarinho
preso
na gaiola dos sonhos

liberdade
azul e céu
as tentações diárias
da loucura
estou presa
dentro
de mim
e não tenho
pra onde ir

mas escute
e olhe pro céu
por um segundo
olhe pro céu
os pássaros
perfuram o azul
e ontem eu sonhei
estou aprendendo
a voar

*

abrir o peito
é encontrar
com danças
do passado
com tons e
músicas
que não se
acabam

e às vezes
parece que
a música
tá tocando
ao contrário

não sou boa
com métricas
e me perco
nos passos

os ritmos
da vida
no acocho
ou no lento
podem ser
abafados

meu calor
me queima
me conforta
me pede

o contrário

meu fogo
é forte
pra todos
os lados
a vida
diz pressa
bota um rock
adoidado
eu respondo
valsinha
tento um passo
desajeitado

por que os
passos
não se alinham?
será que
eu me avexo

ou digo

espera
um pouco
tô fumando
o último cigarro
eu digo
é assim mesmo
tem vezes
que eu passo

uma hora
a música me pega
ou talvez a vida
cuide
de alinhar
o seu passo

*

eu sou casa
meu corpo é casa
minhas luzes
são abrigos
no caminho

aqui na luz
abraço também
as sombras

minhas
dos outros

sei ser escuridão
e dançar junto
quando
preciso

acolher
é como
ascender
o poder
do vulnerável
é abrir a ferida
com cuidado
e olhar dentro
não deixar inflamar
mas saber
que a cicatriz
não vai a lugar algum

ela é rachadura
choque das danças
entre
luzes
e escuridões

*

meu último
e primeiro
desejo
é coragem

chegar
nos lugares
mas saber
que nunca
de fato
chegamos
a lugar
algum

desorientar-me
de qualquer
caminho
que não
me leve
até mim

e às vezes
pedir licença
ao tempo
pra me perder
mais um pouquinho

recomeçar
quando for
meu tempo

a vida
é feroz
mas eu
também
posso ser

*

nunca ser
a melhor
e assim
conquistar tudo

nunca chegar lá
e assim
aproveitar
o caminho

nunca ser
perfeita e assim
ser livre
pra tentar
o que eu quiser

não ter
todos os
afetos
e assim
ser presença
pros que ficam

deixar
que o gozo
do riso
próprio
se descubra
e se ampare

errar sempre
e assim
nunca deixar de tentar
eu aqui
alvo e flecha
*

quando me
escondo
tenho receio do
que eu sou
ou do que
eu acho
que as pessoas
acham que eu sou?
no fim todo filtro
é construído em cima
do que eu aprendi
que deveria ser?
mas eu sempre quero mais
e quanto mais me
aproximo do
que quero
mais me distancio
porque a percepção
também caminha
é sincero
com tudo
que eu passo
estar sempre
no sofrer?

ou faço as pazes
com o fato de não poder
dar conta de tudo?
que medidas
são essas
que aplico
todos os dias
nos caminhos
que só eu piso?
não
não posso
dar conta
de tudo
posso dar
conta de ser
incompleta
mas se eu não
mostro nada
como eu vou saber
se isso não é bom?
a coragem pode
ter tantas caras

assumi a imperfeição

agora só alimento
o que me alimenta

*

viver a vida
é o que
me permite criar

sou um bichogente
cheio de enamorações
tão passageiras
quanto deliciosas

o bicho que se isola
não cria

o bicho que não descansa
não cria

o bicho que não ama
não cria

o bicho que não se olha
não cria

o bicho que não
se sensibiliza
não cria

o bicho que
não sofre
não cria

e valha-me Deus
eu sou

uma criatura
criante
*

confiar no que pulsa
                acreditar no que delira

*
ser sincera com meus afetos
me autorizar a sentir sem culpa
não esconder de mim meus segredos

*
olhei no espelho
e me vi outras

o mistério
de ainda
não ser
tudo que posso

*
meus olhos
enxergam lá fora
o que carrego
aqui dentro

espio a janela
pra sonhar com o mundo

olhar pra dentro
como quem
olha pra fora

quem vê
de fora
nunca sabe
como é
aqui dentro
*

moldar com as mãos um novo chão

ABALOS SÍSMICOS

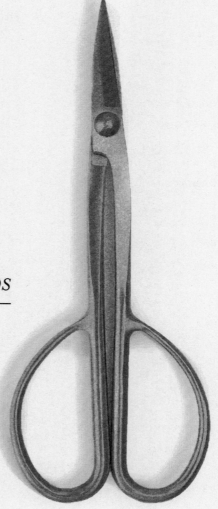

*

não me imagino bela
escrevo palavras
enquanto as penso
sem precisar de nexo
sem ser sentido
o sentimento

porque ele foi vivido
em mim previamente
quando a gente chega
é porque houve caminho

nesse caminho
nem sempre sabemos
que estamos dando passos
como tudo na vida
são surpresas abaláveis

abalos sísmicos
na cidade que cresci

um dia pensei que
ia morrer
mas descobri que no futuro
saberia teu nome

nunca mais
enfrentei a morte
agora
espero que ela

arrebate tudo
para que eu
não tenha
medo
de perder
os teus olhos
nos meus

*
queria mentir
que sou sincera
só pra me confundir
e a minha cabeça
incerta pensa
que pareço gostar de ti

deveras gosto?
não sei
desgosto do gosto
amargo na papila
quando pronuncio
tuas sílabas

desgosto do travo
tanino
que prende minha língua
quando sinto
teu gosto
espesso

expresso
línguas pueris
para
não saber de ti
finjo pros fingidos
que ainda não
te amo tanto
quanto ontem

seria cruel
admitir
a perda
de ainda gostar
dos taninos

cansei
de travar línguas
que os tigres
sejam
felizes ou tristes
como quiserem

*

fazer desse encontro um lar

nossa pele tem assunto

amor fogueira dentro da gente

fazer do teu cangote travesseiro

*

toalhas secas

não importa se peguemos duas três quatro
sempre nos enxugamos com a toalha mais seca
vejo uma beleza quase poética nisso tudo
um tipo de amor que se constrói assim no movimento das coisas
às vezes dá problema é claro
saímos tirando as toalhas e um vai tomar banho e pum
só toalhas molhadas
ou nenhuma toalha
aos gritos desesperados de quem já desligou
o quentinho da água gritamos ao amor que nos arrume uma
                                                  toalha
quase sempre uma nova toalha seca
e assim gastamos muito sabão líquido e a máquina de lavar tá sempre cheia
os donos da celpe como costumamos nos chamar

*

se te causo
espanto
não chores
palavras
vazias

não vomite
beijos insolúveis
não me olhe nos olhos
não procure a fagulha
do meu amor
no pasto seco

não ateie fogo
nas minhas pastagens
não incendeie, amor
não procure combustíveis
não fique pensando
se o álcool
queima as flores

não pense nas flores
flores são carinhos
aos mortos

aos vivos
dedos de sangue
farpas e espinhos
saudades indissolúveis
em águas salgadas
que rolam nos rios

dos olhos

aos vivos o suor
da roupa preta
apertada

o desconforto
de ver choros
de desconhecidos

*
um estrago
estragada
me pergunto
quanto tempo
isso vai durar
dentes olhos boca
quanto tempo
não quero morrer
de frio ou fome
nem esquecida
na mão do acaso
quanto tempo?
não quero ouvir
tua voz arrogante
na minha cabeça
isso já tem
um tempo
não quero
que esse pouco

seja fardo
demais
seja essa a cruz
que eu carrego
porque sei lá
eu tenho outras dores
outras composições musicais
meu fluxo é estranho
como minha voz
tenho tanta coisa pra
contar
e parece que te roubei
algo irreparável
ou foi você que
se confundiu?
não tenho tempo
nem força
nem dentes inteiros
para entrar numa briga
não me interessa
quer saber? fica pra você
mas também esquece todo
o resto
em pensar que
essa poesia
começou falando de mim

sei lá que você me deixaria
ter ao menos isso

*

eu e ele

eu e ele em algum lugar
em qualquer lugar
numa pracinha
tocando músicas dos anos 90
ruins boas desafinadas
eu e ele vivendo
casa comida roupa lavada
e três gotas de melatonina antes de dormir
eu e ele
lanches fartos do domingo
eu e ele
e os olhos travesseiro
deita tu teus olhos nos meus
eu e ele
novos jeitos de amar
eu queria amor cuidado
e achei achei achei
não tive a mesma
sorte quando joguei
no bicho
eu e ele
caixas e perrengues
essa luz só acende
quando quer meu amor
não tem jeito
eu e ele
um amor na contramão
contra tudo e contra todos
flores rompendo o asfalto

eu e ele
topo tudo com você
de praia às mãos no barro
o acolhimento do medo
à loucura da razão
sofrimento compartilhado
goteiras no banho
e abacates suficientemente maduros
pra nos renderem
uma boa guacamole
eu e ele
gosto cheiro som
barulho de chuva
brega na esquina
goles de cerveja gelada
meu bem
você me dá
água na boca
e vontades
de mundo

*

hoje
sem querer
escutei
a música que
fomos

cheirei
teu pescoço
no vento

senti
no calor
do mar
teu movimento

junto ao golpe
sincero e
amargo
do primeiro
gole de café
teu gosto

você
morava
em tudo

você
morava
em mim

mas eu
em tudo
também
estava

e vejo
nas carícias
do tempo
que no espelho teu
era eu que morava

*

dou um gole de uma bebida forte
engraçado tem passado alguns anos
que não vejo teu rosto
teu e de alguns outres que amei
engraçado como a memória se mistura
parece hoje
parece ontem
a presença da lembrança é forte
e consome o dia
como um barco atracado no cais
ou mesmo uma grande âncora
que segura a gente do esquecimento total
me lembro da gente e me lembro de mim
e acho que sinto saudades de mim mesma
você ficou guardado num canto da gaveta

saudade de sentir muito
de madrugar ouvindo sons
e pensando no futuro que não viveríamos juntos
os desejos de mudança
ainda andam nas ruas do meu peito
a gente poderia ter tudo
pensei mesmo isso
naqueles dias de julho
tudo
parecia tão óbvio
parecia tão triste que você
tivesse demorado tanto a chegar
demorado tanto para a galope ir embora
    – decerto algum trato cruel do destino
com um erro que cometi

em vidas passadas –
tão breve
tão intenso
tão efêmero
notas de saudade e melancolia
escuto a música que fomos
eu me detonei inteira
e sabe em algum lugar aqui perto
é carnaval
choraria de rir
veria luzes transcendentais
lembrando do gozo
que é viver nesse
terrível encanto

2020

*

eu negaria todas as palavras
que te fizessem minha
destruiria as possibilidades
de encontros certeiros
na praça em frente à igreja
eu saberia a rua em que tu nasceste
só para não pisar nela
poderia te dizer mil versos
sobre o quanto teu coração
sacudiu o meu
entre um gole e outro
de cerveja

delírios profundos
de paixão
de loucura
de êxtase

a gente se invadiu
e assim sabia onde doía

aquele ápice da crueldade
que só é possível
quando se ama
alguém demais

come a little bit closer
calma
perto demais

e agora *still in love with you*

mas de outro jeito
um espanto pensar
que tudo se acaba
e fica

e vai ficando
nunca outros olhos
dançaram nos meus
dessa maneira

e mesmo agora
procuro imagens
nos salões da
memória
para definir a que
passo eu passei

não posso dizer
que compreendo
o montante do tempo
sem ver se tuas rugas
continuam iguais

2018-2022

*

desconheço
um tanto
sobre química
mas sei de ti

eu que senti
tua fagulha
explodir na minha

*

passo um café
e coloco aquela velha playlist
com minhas músicas favoritas
sinto o gosto na boca da lembrança
você costurou as letras no meu ouvido

*

os olhares
que achei
troquei

não dispenso trocas
não dispenso olhares
não dispenso tempo

me gasto
nos olhares

sou terra
que se invade

sou chuva
e movimento

caminho
em sobrevivência
do meu próprio
pensamento

conheço
minha angústia
sou em mim
o firmamento

me invada
mas não
me invalide
me deixe

ser terra
que se toca
com os dedos

sou terra molhada
chuva e sereno

e sei meu espaço
e sei meu tempo
*

você escreve bonito
e vê bonito
e fala bonito
pétalas e cristais
que se acham
procurando petróleo
em casas abandonadas
o material bruto
magma da tua
matéria
sorri
teu material bruto
rocha peso
saco de pão
pros passantes de caminhões
tua rima
teu gosto estancado
tua fome de fé
teu pai sem nome
teu avesso
me avessa
no cacho do teu cabelo
na ponta dos teus dedos
ficou
a última memória
comestível que tenho
sim, eu comeria teu nome
e teu sexo
as pragas rogadas pelos
deuses de outrem
e de novo teu nome

pichado no muro
pichado em muros
de corações
e avenidas
onde tu desfila
ali
se faz carnaval
num batuque
ritmado
sinto o som
de uma nova estação
que teus olhos
ainda segurem
os meus
no próximo
desfile
na avenida
*

O MUNDANO ME ATRAI

se for ficar, apaga a vela no fim

*

te encontro nas esquinas da saudade
-
os bancos e as praças esperam nosso calor

*

o que foi sentido
nem sempre faz sentido
ainda assim é bom
ser acolhido

*

os nossos olhos
ensinam sobre o efêmero
eles nunca visitam
duas vezes o mesmo lugar

*

os olhos estão sempre de passagem

*

sempre que me percebo
serei outra

*

viver com o outro
é escolher viver
um pouco ou
um muito
da história
do outro

*

hoje partia minhas
cebolas pensando
em como
cozinha e amor
muito se parecem

por mais que não
se ache
no amor tanto
quanto na comida
intuímos
tanto ou mais
que planejamos

em ambos
não se deve dizer
que existem guias
receitas prontas
sabores a se evitar
na maior parte
só se sabe
do que não gosta
quando prova

às vezes
a gente precisa cozinhar
em fogo baixo e lento
e deixando as coisas
apurarem no coração

revisitar sabores
experimentar novos

saber que o peito
se expande
e muda
como o paladar

o que eu não
gostava ontem
posso não
gostar amanhã
mas posso
também
amar
posso até viciar

o tempo
te ensina
novos temperos
insubstituíveis
e também
resgata sabores
que a gente
tem dúvidas

cada pessoa que
passa a cozinhar
cria seus temperos
favoritos

tem gente do doce
tem gente do salgado
tem gente do amargo
aprende
seus jeitos de cortar
molhar
lavar
cuidar
deixar

os legumes e os desejos
muitas vezes
esquecidos
adormecem
apodrecem
na geladeira

comida e amor
são afetos
manuais
são ações
e dedicações
de se provar
experimentar
deliciar
e às vezes até
deixar azedar
pra jogar fora
e recomeçar

*

por aqui correm meus olhos
maratonas para acompanhar
os bloquinhos de carnaval
carnaval
logicamente
a carne é de carnaval
e o coração junto dos rins que tente
acompanhar esse pique
sinto falta mesmo
é de parar um momento
e ouvir o barulho
gente gente gente
muita gente
muitos corações
requebrando
quebrando
nas ladeiras
os ritmos as cores os sons
os ritos de passagem
os olhos se cruzando
carnes se cruzando
cheiros se cruzando
a festa do povo
o sal saliva e suor
cores e sons
cores e sons
o coração corre
maratonas
batidas
o esquecimento
o fervor

a cachaça forte
entorpecentes do medo
medo de viver
medo de amar
carnaval
a carne que sonha em ser outra(s)
a festa da fantasia
ali nos permitimos
deixar vir nossas versões
que ficam enjauladas
furiosas o ano inteiro
wild wild world
wild hearts
beating at strange sounds
ne me quitte pas no começo
amor de kenga no final
amores que sobem
amores que descem
amores que engatam ré
amores que passam a quinta
tudo de uma vez
às vezes (re)quebram
na contramão
do tempo
no carnaval
não existe contramão
são quatro cantos
de ruas sem saídas
e no peito
cartazes
de tinta guache dizem
é proibido proibir

*

a esperança
nos faz olhar
pras mesmas coisas
com os olhos
sempre diferentes

a esperança
é um bicho que
não se cala

ainda bem

*
corpo
há uma fascinação
intrínseca pelo movimento
na poesia da rua
mover é disparar
o alarme da vida
o corpo nasceu para dançar
onde eu existo
me mostram os bichos todos
que a vida é
um grande baile
daqueles à luz de velas
e vestidos longos feitos de seda
    - ou algum tecido que transpareça o suficiente para voar -
mas é também aquele baile de marchinhas
que se alinha na cadência
dos corpos suados
se esfregando
se conhecendo
se amando e desamando
vivendo

não se assuste
se eu disser que o mover
vem da mente
a faísca que incendeia
o pasto mora ali
em alguma parte
do sistema límbico
mas de nada me interessa

questões de fisiologia
quando eu te vejo assim
dançando

o teu ritmo me assusta
de um jeito que
só humanos pensantes
e sensíveis ao mundo
conseguiriam se assustar

em cada passo eu sei
um pouco da tua história
as casas onde morou
os amores que teve
os sonhos de criança
os passos de abandono
pai, mãe, filha, amores
amigos que vêm e vão
no ritmo que teus pés
conseguem controlar
descontrolar

consigo perceber
o modo como teu quadril
enrijece à procura
do encontro com o nada
que é absolutamente tudo

nesse mistério
moram os encantamentos
do mundo

o movimento que
tu carrega nos teus pés
e a expressão quase despercebida
no teu rosto
movem a alavanca
da matéria vida
aquele vivo mundo onde ali e só ali
podem viver os homens bichos
e os bichos que não aprenderam
a ser homens

teu movimento
eleva espíritos e religiões
teu movimento atropela
os automóveis e todo o
ritmo capitalista desenfreado
teu movimento, meu bem
ele para o tempo
acende lamparina
desliga as luzes
e me chama
com os olhos de pavio
pra dançar também

*

senti vontade
de escrever no papel
certos momentos
são tão importantes
que parece injusto
que a gente não
conceda a eles
ao menos nossa escrita
nossos erros e
letras falhas

você
cavalo-alado
> *pausa para pesquisar no google - "equinos dotados de asas. seres imaginários que habitam as lendas e mitos. são vistos como animais de coração puro e grande poder de destruição"*

me disse o wikipedia
tenho à minha frente
um livro do caeiro
com um desses na capa
e também uma igreja
azul pontuda
com franjas na janela
e sinos diferentes
uns dos outros
quebrando a simetria esperada
a simetria desejada
talvez a falha
humana
seja a esperança
vidro jateado

onde a gente só vê
borrões
e imagina
cego
– a imaginação ama
desconsiderar a verdade –
a gente nasceu pra imaginar
e isso você sabe bem
te imagino em paz cavalo-alado
voando sobre a guerra
dos pensamentos
a guerra do mundo
a guerra do existir
a guerra do medo
é preciso muita coragem pra partir

*

mora no segredo
a faísca do encanto?

mora no encanto
a certeza do efêmero?

mora no fullgás
o delírio do tempo?

moram no tempo
os encontros com o amor?

mora no amor
a certeza da dor?

mora na dor
a compreensão do outro?

moram no outro
os encontros comigo?

moram em mim
os encontros com os outros?

mora no encontro
algo de mim mesmo?
do mundo?
da dor?
do amor?
do tempo?
do efêmero?
do encanto?

-
o afeto
se esconde
nas dobras
do cotidiano

o afeto
se esconde
nas sobras
do cotidiano

*

"Sonho que se sonha só
É só um sonho que se sonha só
Mas sonho que se sonha junto é realidade"
Raul Seixas

sonho
que se luta junto
é realidade

*
nos
meus
sonhos
todos
podem
sonhar

*
não há sonho
sem luta
não há luta
sem sonho

*
fazer
da dor
uma
máquina
motriz
*

eu escolho ganhar
quando eu aceito perder
uma escolha é por si uma encruzilhada
sempre que sigo um caminho
eu deixo pra trás o que não foi
as pessoas que não amei
o jogo que não joguei
nenhum caminho
pode ser trilhado duas vezes
nossos pés não pisam
duas vezes o mesmo chão
a balança sempre pesa
pro lado que eu sigo
a escolha é uma flecha
lançada
cortando
cruzando
rompendo
rasgando
as camadas do tempo
*
ao que se sabe
o coração não
tem começo
e suponho
que seu fim
está nas entrelinhas
do tempo
seja o breu
da memória
quando a gente deixa

de existir nos alguéns
enquanto o amor lembrar
meu nome minha cara meu jeito
estarei viva
o outro é a margem
de nós mesmos
as fronteiras
e enlaces
são o desenho
da vida
a gente é só
mas a gente nunca
aprende a ser
e fica a vida toda
se procurando
se achando
e se perdendo
nos outros

*

eu escolho ganhar
quando eu aceito perder
uma escolha é por si uma encruzilhada
sempre que sigo um caminho
eu deixo pra trás o que não foi
as pessoas que não amei
o jogo que não joguei
nenhum caminho
pode ser trilhado duas vezes
nossos pés não pisam
duas vezes o mesmo chão
a balança sempre pesa
pro lado que eu sigo
a escolha é uma flecha
lançada
cortando
cruzando
rompendo
rasgando
as camadas do tempo

AGRADECIMENTOS:

dedico aos amores da minha vida que me dão alento, turbulência, pauta e vocabulário.

e às minhas versões futuras, que vão achar engraçado demais algumas coisas que já escrevemos.

- editoraletramento
- editoraletramento.com.br
- editoraletramento
- company/grupoeditorialletramento
- grupoletramento
- contato@editoraletramento.com.br
- editoraletramento

- editoracasadodireito.com.br
- casadodireitoed
- casadodireito
- casadodireito@editoraletramento.com.br